Der Brahmasthanam

ein epochemachender Tempel

Sri Mata Amritanandamayi

Mata Amritanandamayi Center, San Ramon
Kalifornien, Vereinigte Staaten

Der Brahmasthanam

Ein epochemachender Tempel

Herausgegeben von:
Mata Amritanandamayi Center
P.O. Box 613
San Ramon, CA 94583
Vereinigte Staaten

———— *Brahmasthanam (German)* ————

Erstausgabe vom MA Center: September 2016

In Deutschland: www.amma.de

In der Schweiz: www.amma-schweiz.ch

In India:
inform@amritapuri.org
www.amritapuri.org

Inhalt

POO

Vorwort

Der Tempel ist wahrhaft die Wiege der indischen Kultur. Die meisten Künste und Wissenschaften, die sich in diesem großen Land entwickelten, hatten ihren Ursprung in Tempeln und wurden im Laufe der Jahrhunderte durch die Tempelkultur gefördert. Obwohl es im vedischen Zeitalter keine Tempel gab, stammt die Tempelidee aus den Veden.

"Oh Herr, komm, offenbare Dich in diesem Standbild und lasse Dich darin nieder. Möge diese Bildgestalt Dir als Körper dienen."
—Atharvana Veda

"Die wunderschöne Bildgestalt Vishnus mit ihrem heiteren Gesichtsausdruck und ihren lächelnden Augen sollte von uns verehrt werden. Wir sollten uns vor Ihr verneigen, Sie anbeten und auf Sie meditieren."
—Taittiriya Samhita

In den Veden finden sich viele solcher Hinweise.

Der Einfluß der Tempel auf das persönliche und soziale Leben der Menschen hat sich selbst bis in unsere heutige, materialistisch geprägte Zeit hinein nicht verringert. Amma sagt, daß die Tempelatmosphäre, die von den Schwingungen göttlicher Gedanken erfüllt ist, auf die in der Hitze des weltlichen Lebens gefangenen Menschen besänftigend und erfrischend wirke. Sie vergleicht die Tempel mit Bäumen, die den in der Sonne wandernden, erschöpften Reisenden Schatten und Kühlung spenden. Wie ein barmherziger guru, wie eine liebende Mutter wirken die Tempel auf die spirituelle Entwicklung und das materielle Wohlergehen des einzelnen Menschen wie auch der gesamten Gesellschaft ein.

Ursprünglich diente der Tempel als praktisches Hilfsmittel, um die in jedem Menschen vorhandene Göttlichkeit zu verwirklichen. Zahllose große Seelen in Indien wurden durch die Praxis der Tempelverehrung zur Verwirklichung des inneren Selbstes geführt. Amma sagt, daß Tempel und heilige Bildgestalten die Menschen auf ihrem Weg zur Erfahrung der höchsten, nichtdualen Wahrheit äußerst hilfreich unterstützen, so wie farbige Bilder Kindern das Lernen erleichtern.

Die Tempelbauten, vom Tempelturm bis zum sanctum sanctorum, dem innersten Heiligtum, versinnbildlichen die grob- und feinstofflichen Körper des Menschen. Die Gottheit im Innern des Tempels stellt das in jedem Menschen vorhandene Göttliche Bewußtsein dar. Im Kularnava-Tantra steht geschrieben: Devo devalaya prokto jivo deva Sadashiva. (Der Körper ist der Tempel. Das im Körper wohnende individuelle Selbst (jivatma) ist der Höchste Gott (Sadashiva)). Amma erklärt, daß der Tempel ein Spiegel sei, in dem wir uns sehen könnten.

Das der Tempelverehrung zugrundeliegende Prinzip läßt sich folgendermaßen zusammenfassen: Nachdem der bhakta (hingebungsvolle Gottesverehrer) die göttliche Kraft durch das Rezitieren von Mantren, das Denken an Gott und andere sadhanas (spirituelle Übungen) erweckt und verstärkt hat, übergibt er sich mit seinem aus den fünf Elementen bestehenden Körper, und mit seinem Geist, Intellekt und Ego ganz Gott. Durch diese wiederholte Opferung wird der Gottesverehrer nach und nach in das Ebenbild Gottes verwandelt.

Hier muß allerdings hinzugefügt werden, daß die heutigen Tempel bei weitem nicht so viel zum Wachstum des Einzelnen und der Gesellschaft beitragen können wie früher, da die Grundprinzipien der Tempelverehrung von den Menschen nicht mehr richtig verstanden werden. Unsere heutige Tempelkultur hat sich bis zu einem gewissen Grad sogar zurückentwickelt. Dies kann man an einer nicht mehr mit den Prinzipien der Spiritualität verbundenen Verehrung, an einer unaufrichtigen puja (Ausführung des Tempelrituals) und an Tempelfesten erkennen, die eher dem spirituellen Ziel entgegengesetzte Gedanken und Verhaltensweisen im Menschen wecken. In der heutigen Zeit finden wir leider immer weniger Hingabe und ernsthafte, innere Besinnung auf Gott. Heutzutage beten die Menschen nur noch für die Erfüllung ihrer Wünsche und vergessen dabei, daß in Wahrheit selbstlose und stete Hingabe an Gott zu jeder Form von spirituellem und materiellem Wohlbefinden führt. Wie Amma sagt, leben wir heute statt prema bhakti (reiner Hingabe) meist nur noch kamya bhakti (Hingabe aus einem bestimmten Beweggrund). Deshalb ist die heutige Tempelverehrung nicht einmal mehr dazu geeignet, die Leiden des prarabdha (die in der Gegenwart auftretenden Auswirkungen vergangener Taten) zu beseitigen.

Die Brahmasthanam-Tempel

Um diese Situation zu verändern, hat Amma den Brahmasthanam-Tempel, eine neue Tempelart mit einer neuen Form der Verehrung, entwickelt. Amma möchte die Leiden der Menschen beseitigen und fördert deshalb eine Verehrungsform, die auf den Grundprinzipien der Spiritualität beruht. Die Gottesverehrung in den Brahmasthanam-Tempeln betont die Wichtigkeit der selbstlosen Liebe zu Gott, den Wert der durch jeden Gläubigen selbst ausgeführten Rituale und die besondere Kraft der von einer großen Gruppe ausgeführten yagnas (Opferhandlungen). Die Gründung dieser neuen Tempel läutet die Erneuerung von Indiens großer Tempelkultur ein.

Die Idee zur Gründung der Brahmasthanam-Tempel entsprang Ammas göttlicher

Intuition. Amma wollte den Menschen eine Form der Gottesverehrung zeigen, die sie zur Verwirklichung des Selbstes führt, anstatt sie auf Dauer an die Verehrung von Bildgestalten zu binden. Amma lehrt, daß einem bhakta, der Gott ohne selbstsüchtige Wünsche verehrt, jegliches materielle und spirituelle Wohlbefinden gegeben wird. Sie sagt auch, daß wir uns bemühen sollten, den einen Gott in allen Formen zu sehen. Jeder Brahmasthanam-Tempel hat einen unkonventionellen pratishta (murti oder Bildgestalt Gottes), der das Prinzip der Einheit in der Vielfalt anschaulich darstellt: Ein vierseitiger Stein zeigt auf jeder Seite ein anderes Bildnis des Göttlichen. Die ersten drei Seiten zeigen die Formen von Devi, Siva und Ganapathi. Auf der vierten Seiten ist eine Schlange abgebildet, die sowohl Muruga als auch Rahu darstellt. Mit dem Aufstellen dieses einzigartigen pratishta hat ein neues

Kapitel in der Geschichte der Tempelverehrung begonnen.

Neben dem Prinzip der Einheit in der Vielfalt stellen die vier Bildgestalten auch die verschiedenen Stufen auf dem spirituellen Weg eines Menschen dar. Die Gestalt Devis repräsentiert parashakti, die Höchste Energie Gottes, durch die wir am Anfang auf den spirituellen Weg gebracht werden. Shiva veranschaulicht den nichtdualen Aspekt des Höchsten Bewußtseins, der die spirituell Strebenden von ihren Sünden befreit und ihnen Entsagung und Unterscheidungskraft ermöglicht. Im Bild Ganeshas ist der göttliche Aspekt verkörpert, der die Hindernisse auf dem Weg des spirituell Strebenden beseitigt. Und die Schlange ist das Symbol der kundalini shakti, der im muladhara chakra (Wurzelchakra) ruhenden Schlangenkraft. Sie wird durch spirituelle Übungen geweckt und steigt schließlich zum sahasrara chakra (Kronenchakra) auf, um sich dort mit dem Absoluten zu verbinden und in der Verwirklichung des Selbstes ihren höchsten Ausdruck zu finden.

In diesem Büchlein antwortet Amma ausführlich auf die von manchen Seiten vorgebrachten Zweifel, ob dieser neue Typus von pratishta durch die sastras (Schriften) gestützt wird. Amma weist darauf hin, daß das sankalpa (der Entschluß) der mahatmas die Grundlage aller Tempelvorschriften bilde. Die sastras haben sich im Laufe der Zeit aus den Erfahrungen, Handlungen und Worten von mahatmas entwickelt. Das Wohlergehen und das Glück der Menschen ist das einzige Ziel solcher mahatmas, die wahrhaft ein Ozean des Mitgefühls sind. Jede ihrer Handlungen ist darauf ausgerichtet. Wie Amma ausführt, bewirkt das vom acharya (Meister, Lehrer) während der Einweihung der murti getroffene sankalpa, daß das allgegenwärtige Bewußtsein des brahman aus der Bildgestalt hervorstrahlt.

Die große Kraft von Ammas sankalpa verleiht den Bildgestalten der Brahmasthanam-Tempel ihre unvergleichliche Größe.

Während der Einweihung muß der acharya das Göttliche Bewußtsein in der Tempelgottheit wecken, und zwar auf die gleiche Weise, wie mantras auf metallische yantras (mystische Diagramme) übertragen werden oder wie der guru dem Schüler spirituelle Energie vermittelt. Daher kann nur jemand, der die Meisterschaft über das kosmische prana (Lebenskraft) in seinem eigenen Inneren und in der äußeren Welt erlangt hat, das pranapratishta (Zeremonie des Übertragens von prana auf die Gottheit) ausführen. Amma sagt dazu: “Nur diejenigen, die das innere und äußere prana unter Kontrolle haben, sollten Tempelgottheiten einweihen. Sie sollten in der Lage sein, ihre pranashakti auf die Bildgestalt zu übertragen und ihr so spirituelle Kraft zu verleihen.“

Die Wichtigkeit dieser Lehre wird uns klar, wenn wir die Geschichte der Tempel in Indien betrachten. In alten Zeiten wurden die Tempeleinweihungen durch tapasvis (Asketen) vorgenommen. Sie waren durch ihre angesammelte spirituelle Kraft in der Lage, Steine mit göttlichem Bewußtsein zu füllen. Die murtis, die sie einweihten, waren nicht einfach nur Steine, sondern leuchtende, von göttlichem Licht erfüllte Bildgestalten, die sogar heute noch eine große Anziehungskraft haben.

Die Samuha Grahadosha Santi Pujas in den Brahmasthanam-Tempeln

Gruppenpujas zur Beseitigung ungünstiger planetarischer Einflüsse

Jede Handlung, die wir ausführen, hat nach der Lehre des Karma eine zweifache Wirkung. Die erste ist sofort spürbar, konkret und wird drishta genannt. Die zweite ist subtil, ruht im

Verborgenen und wird adrishta genannt. Sie verbleibt im feinstofflichen Körper des Handelnden bis zum günstigsten Augenblick für ihr Erscheinen als glückliche oder schmerzliche Erfahrung im Leben dieses Menschen. Der adrishta guter Handlungen in der Vergangenheit erscheint als glückliche Erfahrung, der adrishta schlechter Handlungen als schmerzliche Erfahrung. Astrologen haben beobachtet, daß schmerzliche Erfahrungen wie Tod durch Unglücksfälle, Eheprobleme, Schwierigkeiten finanzieller und anderer Art meist dann im Leben eines Menschen auftreten, wenn in seinem Horoskop Transite oder Konjunktionen mit den beiden Planeten Sani (Saturn) und Chovva (Mars) sowie mit Rahu (aufsteigender Mondknoten) stattfinden.

Ammas Leben dient ganz der Beseitigung des menschlichen Leides. In den letzten zwanzig Jahren haben Millionen von Menschen Amma ihren Kummer und ihre Sorgen erzählt.

Bei der Suche nach einer Lösung für die Probleme dieser Menschen hatte Amma die göttliche Vision eines Brahmasthanam-Tempels und einer neuen Form der Gottesverehrung, die speziell darauf abgestimmt ist, die schlechten Einflüsse von Sani, Chovva und Rahu abzuwenden. Amma überprüfte die Wirksamkeit dieser neuen Form der Verehrung, indem Sie die Erfahrungen von Tausenden von Menschen studierte, die zu Ihr kamen und um Führung baten. Diejenigen, welche die von Ihr empfohlenen Rituale und pujas durchgeführt hatten, erzielten in allen Fällen ausgezeichnete Ergebnisse. Sie konnten die Schicksalsschläge, die in ihrem Horoskop vorausgesagt waren, erfolgreich abwenden. Eine große Zahl derer, welche die vorgeschriebenen Rituale nicht ausgeführt hatten, wurden hingegen Opfer der im Horoskop sichtbaren unglücklichen Erfahrungen. Als die Wirksamkeit der neuen pujas feststand, gründete Amma im April 1988 in Kodungallur den ersten Brahmasthanam-Tempel. Die Gruppenpujas, die inzwischen einen festen Bestandteil des Programms in jedem Bramasthanam-Tempel bilden, wurden dort erstmals durchgeführt.

Amma lehrt, daß die in einer großen Gruppe ausgeführten Verehrungszeremonien um ein vielfaches stärker wirken als die von einer einzelnen Person ausgeführten. Ein weiterer wichtiger Aspekt der pujas ist, daß der Teilnehmer das Ritual selbst ausführt, anstatt dies einfach einem Priester zu überlassen. Selbst in einer Periode, die von ungünstigen planetarischen Einflüssen frei ist, sind die pujas hilfreich, da sie eine günstige Wirkung auf die spirituelle Entwicklung wie auch auf die materielle Situation haben.

Zusätzlich zu den Gruppenpujas führen die Tempelpriester täglich pujas nach den Anweisungen der sastras aus. Dabei ist von besonderer Bedeutung, daß die Rituale in den Brahmasthanam-Tempeln von Ammas brahmacharis ausgeführt werden, welche aufrichtige, ernsthaft nach Gottesverwirklichung strebende sadhaks sind, die ihr Leben dem Wohlergehen der Menschheit gewidmet haben.

Tausende von Ammas Anhängern haben nach Teilnahme an den pujas erfahren, daß ihr Leben zum Vorteil verändert und transformiert wurde. Viele Berichte schildern das Eintreten von göttlich gelenkten Ereignissen, wie z.B. auf wunderbare Weise verhinderte Unfälle, die Heilung chronischer Krankheiten, die Lösung von Eheproblemen und finanziellen Schwierigkeiten, den Erhalt einer Arbeitsstelle, die Erfüllung eines Kinderwunsches oder anderer persönlicher Wünsche.

Die Jährlichen Brahmasthanam-Festtage

Der Zweck von Tempelfesten ist das Zusammenkommen großer Gruppen von Gläubigen, die ihre Gedanken nur auf Gott richten und dadurch die Kraft der Gottesverehrung konzentrieren und verstärken. Dies hat auf alle Teilnehmenden eine starke, aufbauende Wirkung und verbreitet die göttlichen Schwingungen auch in der Umgebung. Heutzutage fördern die meisten Tempelfeste freilich nur weltliche Gedanken. Die Tempelgelder werden oft dazu mißbraucht, wahllos künstlerische Darbietungen zu zeigen. Solche Feste schaden der Kultur und schwächen die spirituelle Kraft der Tempel. Um dieser Entwicklung entgegenzuwirken, hat Amma in den Brahmasthanam-Tempeln eine neue Art von Festtagen eingeführt, bei denen eine große Zahl von Menschen zusammenkommt, um Gott zu verehren und die heiligen Namen zu rezitieren. Dies regt die Menschen zu sadhana (spirituelle Praxis) an. Außerdem wird die Atmosphäre im Tempel und der Umgebung mit den Schwingungen der göttlichen mantras aufgeladen.

Amma gibt bei den Brahmasthanam-Festtagen allen ein gutes Beispiel: Sie besteht darauf, daß alle während der Festtage vom Tempel eingenommenen Gelder und Spenden ausschließlich karitativen Einrichtungen zugute kommen sowie Projekten, welche die wahre spirituelle Kultur fördern.

Amma hat inzwischen an zahlreichen Orten in Indien Brahmasthanam-Tempel errichtet, u.a. in Neu Delhi, Mumbai (Bombay), Chennai (Madras), Puna, Thiruvananthapuram (Trivandrum) und Kozhikode (Calicut). Es gibt in Indien zahllose Tempel, aber von einem mahatma eingeweihte und durch seine regelmäßige Anwesenheit gesegnete Tempel wie der Brahmasthanam bilden eher die Ausnahme. Seit der Einweihung des ersten Brahmasthanam-Tempels in Kodungallur hat sich gezeigt, daß diese Tempel mit ihrem Licht weit in die Dunkelheit des menschlichen Leids und der menschlichen Unwissenheit hineinstrahlen und dabei Tausende von Gläubigen aller Kasten und Glaubensrichtungen anziehen.

Mit der Gründung der Brahmasthanam-Tempel hat Amma mehrere edle Ziele auf einmal verwirklicht. Sie hat die für die indische Kultur wichtige Tempelverehrung auf empirischer Grundlage erneuert und damit dem materiellen Wohlergehen und der spirituellen Weiterentwicklung von Millionen von Menschen den Weg geebnet. Sie hat der spirituellen Kultur Indiens neues Leben eingehaucht und das Leiden unzähliger Menschen gelindert. Durch das Ausführen der von Amma gelehrten, auf den wahren spirituellen Prinzipien beruhenden Gottesverehrung erhalten die Gottsuchenden außerdem noch die Chance, den Nektar des spirituellen Glücks zu trinken.

Dieses Büchlein von Amma, das zweckmäßige und praktische Antworten auf viele

Fragen der Tempelverehrung und der Brahmasthanam-Tempel gibt, wird ohne Zweifel ein erhellender Wegweiser für all diejenigen sein, welche die wahren Prinzipien der Tempelverehrung verstehen möchten und auf dem Weg zur Verwirklichung des Selbstes fortschreiten wollen.

– Die Herausgeber

Bei jeder Brahmasthanam-Einweihung wurden Adler gesehen, die während der pranapratishta muhurtam-Zeremonie über dem Tempel kreisten. Amma sagte einmal, Adler seien devas und ihr Auftauchen glückverheißend.

Der Brahmasthanam Tempel

Eine neue Tempelform, um die Leiden des prarabdha zu lindern

Kinder, diejenigen, die den nichtdualen Zustand erreicht haben, können wahrhaftig sagen: "Niemand wird geboren und niemand stirbt." Da sie über das Körperbewußtsein hinausgegangen sind, erkennen sie unmittelbar, daß das Selbst ungeboren und todlos ist. Befindet sich jedoch jeder in diesem Zustand? Identifizieren sich die meisten Menschen nicht mit dem Körper? Der Geist der in der materiellen Welt Lebenden ist sehr schwach. Sie wissen nicht, daß ihr wahres Selbst vollkommen ist. Sie sind gebunden durch die Beziehungen mit der Welt und leiden deshalb. Wenn man ihnen sagt: "Du bist nicht der Körper, nicht der Geist, nicht der Intellekt" und dazu noch die anderen Wahrheiten des advaita (Philosophie der Nichtdualität) erwähnt so finden sie es schwierig, diese Lehren mit ihrem eigenen Leben in Verbindung zu bringen und auf dem Weg vorwärtszuschreiten. Es fällt ihnen schwer, die hinter diesen Worten steckende Wahrheit zu erfahren. Obwohl sie davon überzeugt sind, daß Nichtdualität die Wahrheit ist, sind sie wegen ihrer Verstrickung in weltliche Dinge nicht in der Lage, diese Überzeugung ins Leben zu übertragen. Kinder, advaita ist die Wahrheit. Der Weg der Nichtdualität sollte aber nur denjenigen empfohlen werden, welche dafür aufnahmefähig sind. Es ist sinnlos, einem weinenden Kind mit einem verletzten Finger zu sagen: "Weine nicht. Du bist nicht der Körper." Das Kind wird trotzdem weinen. Die Wunde wird aber nicht heilen, wenn es nur weint. Es muß Medizin aufgetragen werden. Spiritualität ist wie diese Medizin.

Gewöhnliche Menschen leben in der Regel im Körperbewußtsein und erfahren aus diesem Grund im Leben viel Leid. Je nach dem Zeitpunkt der Geburt muß jeder Mensch bestimmte schlechte dasasandhis (planetarische Konstellationen) durchlaufen. In diesen astrologischen Perioden muß jeder das aus den schlechten Taten früherer Leben stammende Leid erfahren. Amma ist schon mehreren Millionen Menschen begegnet, die sich in einer solchen Situation befanden. Sogar Leute, die Schiffe und Flugzeuge besitzen, kommen zu Amma und suchen nach innerem Frieden. Jeder kann seine eigene Leidensgeschichte erzählen. Amma kennt die Schwierigkeiten, die diese Menschen in jedem dasasandhi erlebten. Einer der Hauptgründe für die Gründung des Brahmasthanam-Tempels ist die Linderung der aus dem prarabdha stammenden Leiden der Menschen.

Der Brahmasthanam Tempel dient aber auch noch einem anderen wichtigen Zweck. Wieviel Menschen in diesem Land glauben heutzutage wirklich an Gott? Die Menschen sind nicht an echter Gottesverehrung in den Tempeln interessiert. Viele versuchen sogar, die Tempel zu zerstören. Wenn göttliche Wahrheiten jedoch auf eine vernünftige Art und Weise erklärt werden, können die Menschen wieder Glauben entwickeln und sich Gott zuwenden. Wenn es möglich ist, den Menschen die Essenz der Spiritualität nahezubringen, kann dies ein echte Veränderung in ihnen bewirken. Nachdem sie das Ziel des Lebens und die richtige Form der Verehrung verstanden haben, sind sie bereit, die Reise anzutreten. Auch an diese Art von spiritueller Unterweisung hat Amma gedacht, als Sie die Brahmasthanam-Tempel einrichtete.

Die Botschaft des Brahmasthanam Pratishta

“Einheit in der Vielfalt – Vielfalt in der Einheit“

Kinder, wenn ihr verschiedene Gegenstände ins Feuer werft, werden sie dann nicht alle zu einer einheitlichen Substanz verbrannt, die wir Asche nennen? Auf ähnliche Weise wird alle Vielfalt im Feuer des wahren Wissens verbrannt, um die darunterliegende Einheit zu offenbaren. Wir sollten die Einheit in den verschiedenen Formen dieser Welt entdecken. In allem manifestiert sich die gleiche göttliche Kraft. Ein Mensch, den wir ansehen, hat eine Nase, Augen, Hände und Füße. Wir nehmen ihn aber nicht als Ansammlung von verschiedenen Organen und Gliedmaßen wahr, sondern als ganze Person, deren Gestalt all diese Teile umfaßt. Dementsprechend sollten wir verstehen lernen, daß das gleiche Göttliche

Selbst in allen Körpern wirkt, obwohl die einzelnen Körper voneinander getrennt sind. Dem pratishta im Brahmasthanam-Tempel liegt der gleiche Gedanke zugrunde.

Brahmasthanam heißt wörtlich "Wohnsitz des brahman (des Absoluten)". Manche werden fragen: "Ist brahman nicht allgegenwärtiges Bewußtsein? Wie kann allgegenwärtiges Bewußtsein einen bestimmten Aufenthaltsort haben?" Die Antwort lautet: "Gibt es einen Ort ohne allgegenwärtiges Bewußtsein? Das Absolute wohnt an allen Orten." Diese Tempel wurden Brahmasthanam genannt, um ein solches Verständnis in den Menschen zu wecken. Das Prinzip des Absoluten ist für gewöhnliche Menschen schwer zu erfassen. Damit die Menschen verstehen lernen, daß das brahman die eine Wirklichkeit hinter allen Namen und Formen ist, wurde im Brahmasthanam-Tempel ein ungewöhnlicher pratishta aufgestellt: Aus den vier Seiten eines einzigen Steinblocks wurden die Bildnisse von vier verschiedenen Göttern gemeißelt.

Ein Stein wurde aus einem Fels gehauen und eine Bildnis der Göttlichen Mutter daraus geformt. Als diese Bildgestalt in Attukal aufstellt wurde, verwandelte der Stein sich in "Attukal Devi". Eine ähnliche, in Kodungallur aufgestellte Steinfigur, wurde zu "Kodungallur Amma"[1]Dies sind berühmte Tempelstatuen in Südindien. An einem anderen Ort wiederum verwandelte sich eine solche Steinskulptur in Shiva. Alle Steinfiguren wurden aus demselben Material hergestellt. Ist es nicht einzig die Vorstellung des Menschen, die sie voneinander unterscheidet? Warum sollte es dann falsch sein, vier Gottheiten aus einem einzigen Stein zu formen? Manche Leute sagen: "Widerspricht es nicht den sastras (Schriften), vier Gottheiten aus einem einzigen Stein zu meißeln? Im Tantra Vidya (der Wissenschaft

[1] Dies sind berühmte Tempelstatuen in Südindien.

der Tempelverehrung) steht davon nichts geschrieben." In Wahrheit weist die Schrift Tantra Vidya jedoch von Ort zu Ort Unterschiede auf. Auch wurden ihr den jeweiligen Erfordernissen der Zeit entsprechend Teile hinzugefügt. Aus welcher Zeit stammen die sastras denn wirklich? Sind sie nicht zu allen Zeiten entstanden? Sind sie nicht die aufgezeichneten Lehren und Erfahrungen der mahatmas (spirituellen Lehrer)?

In früheren Zeiten gab es keine Tempel. Das Herz war der Tempel. Die Tempelbauten entstanden erst später. In jedem Zeitalter schufen mahatmas verschiedene Arten von pratishtas und Formen der Gottesverehrung, um die Menschen anzuleiten und ihnen zu helfen, sich ihren unterschiedlichen Veranlagungen entsprechend weiterzuentwickeln.

Kinder, stellen wir uns Shiva und Shakti nicht als Einheit vor? Warum sollten wir dann nicht auch vier Gottheiten als Einheit betrachten können? In manchen Gegenden gibt es verschiedene Tempel, die alle an die Seiten eines großen Felsens gebaut wurden. An einer Stelle wurde das Bildnis von Shiva aus dem Fels gehauen, an einem anderen Ganapathi. Obwohl die Göttergestalten aus dem gleichen Felsen geformt wurden, sehen wir sie je nach unserer Vorstellung als verschieden an. Auch wenn die Gottheiten verschiedene Gestalten haben, sollten wir sie im Grunde als Einheit betrachten. Der Brahmasthanam-Tempel lehrt uns, die vier Gottheiten des pratishta als die verschiedenen Gesichter des Einen zu betrachten. Die Botschaft dieser Bildnisse ist: "Seht das Eine in der Vielfalt und die Vielfalt im Einen."

Durch das Anknipsen eines Schalters können wir eine beliebige Anzahl von Glühbirnen zum Leuchten bringen. In den Brahmasthanam-pratishtas wurden vier "Lampen" mit einem Schalter verbunden. Durch einen einzigen Entschluß[2] wurden die vier Gottheiten mit Lebensenergie gefüllt. Es gibt nur eine Lebensenergie, warum sollten die vier Gottheiten dann an verschiedenen Orten aufgestellt werden? Würde dies nicht den vierfachen Platz beanspruchen? Deshalb wurden alle vier Götterbildnisse aus einem einzigen Steinblock gehauen. Ist die Vorstellung unseres Geistes nicht wichtiger als die Einzelheiten der pratishta-Form?

Kinder, Gott ist nicht auf die Bildgestalt beschränkt. Er wohnt in unserem Herzen. Wir schauen in einen Spiegel, um den Schmutz aus unserem Gesicht zu entfernen, aber wir leben nicht in diesem Spiegel. Wir sollten in der Tempelgottheit eine Spiegelung unseres eigenen Selbstes, unseres Bewußtseins, sehen. Gott ist überall, aber um unseren Geist zu reinigen, benötigen wir ein Hilfsmittel. Es ist

[2] Der Entschluß, den Amma macht, wenn die Tempelstatue installiert wurde.

die Aufgabe von heiligen Bildgestalten, unser bhavana (Vorstellung oder Idee) von Gott zu entwickeln. Verehren nicht manche Menschen Gott in Gestalt eines Berges? Das wichtige ist der sankalpa (die Vorstellung) eines jeden Einzelnen. Der pratishta des Brahmasthanam-Tempels zeigt Ammas sankalpa.

Das Prinzip hinter der Bildgestalt

Auf den vier Seiten des Brahmasthanam pratishta wurden die Bildnisse von Shiva, Devi, Ganapathi und Nagam (die Schlange) aus dem Stein gemeißelt. Die Hauptgottheiten sind hier Shiva und Shakti und der pratishta als ganzes zeigt die Shiva-Shakti-Familie. Er ist außerdem auch noch ein Symbol für das Prinzip der mulaprakriti, der ursprünglichen Natur. Das ganze Universum ist in diesem Prinzip enthalten.

Shiva ist der reinigende Aspekt des brahman. Nur das brahman kann uns von allen

Unreinheiten befreien. In den Geschichten der Puranas war es Shiva, der die prarabdhas der anderen auf sich nahm, indem Er sie schluckte. Shiva als göttlicher Filter reinigt die Menschen von ihren prarabdhas. Die aufgenommenen Unreinheiten beeinflussen Ihn jedoch nicht. Er könnte die ganze Welt retten.

Ein anderer Teil dieses sankalpas heißt Ganapathi. Ganapathi ist der Aspekt Gottes, der die Hindernisse auf unserem spirituellen Weg beseitigt. Nagam schließlich zeigt einerseits Muruga[3], andererseits besteht aber auch der sankalpa des Rahu[4]. Darüber hinaus ist Nagam ein Symbol der kundalini oder muladhara shakti (der Kraft der Göttlichen Mutter, die verborgen im Wurzelchakra des spirituell Strebenden ruht). Das Prinzip hinter diesem Bild ist die Erweckung der kundalini, die als Schlange im Rückgrat aufsteigt, um sich

[3] Der zweite Sohn von Shiva und Parvati.

[4] Der Mondknoten.

schließlich, wenn alle Hindernisse überwunden sind, mit dem Shiva-Aspekt, dem brahman-Aspekt des Göttlichen, zu vereinigen. So veranschaulicht dieses Bild den Weg zur Vereinigung des jivatman (individuelle Seele) mit dem paramatman (dem Höchsten) führt.

Amma beabsichtigt nicht, die Menschen an die Verehrung von Bildgestalten zu binden. Ammas Ziel ist die Verwirklichung des inneren Selbstes in allen Menschen. Dieses Götterbildnis wurde geschaffen, um den Menschen zu zeigen, daß die verschiedenen Formen im Universum nichts anderes als die verschiedenen Aspekte des Einen sind. Für die Verwirklichung des Höchsten und für die richtige Ausführung der Verehrung ist es sehr wesentlich, dies richtig zu verstehen. Jeder Mensch kann nur von seiner Entwicklungsstufe aus gefördert werden. Nur wenn wir uns auf die Stufe der Mehrzahl der Menschen begeben, können wir ihnen in ihrer Weiterentwicklung helfen. Im Grunde stellen wir uns nur auf die Bedürfnisse der heutigen Menschen ein.

Kinder, Reismehl ist eine einzige Substanz. Einem schmeckt es in Form eines gedämpften Reisküchleins, ein anderer zieht einen Pfannkuchen vor und ein weiterer noch eine andere Zubereitungsart. In diesem Beispiel ist Gott das Eine. Die verschiedenen Menschen haben aber eine Vorliebe für eine ganz bestimmte göttliche Form. Die einen mögen Shiva am liebsten, während andere Devi vorziehen und manche fühlen sich zu Krishna oder Rama hingezogen. Möge jeder in dem pratishta seinen eigenen ishta devata (geliebte Gottheit) sehen und diesen in dem Bewußtsein verehren, daß hinter allen Namen und Formen nur ein allumfassender, alldurchdringender Gott existiert.

Der Besuch des Tempels reicht nicht: Sadhana ist auch nötig

Gott ist wohlwollend und barmherzig. Wir können dies jedoch nur erfahren, wenn unser Geist im Einklang mit dem Göttlichen ist. Auch wenn wir eine elektrische Lampe im Haus haben, können wir erst Licht empfangen, wenn wir den Schalter anknipsen. Wenn Menschen heutzutage den Tempel besuchen, verneigen sie sich mit gefalteten Händen, beten für die Erfüllung all ihrer Wünsche, geben etwas Geld als Opfergabe und gehen wieder. Wir gehen mit hunderten von häuslichen Problemen im Kopf in den Tempel. Wir stehen dort, tragen unsere Probleme vor und denken nicht einmal eine Sekunde lang an Gott. Nachdem wir die Liste mit all unseren Schwierigkeiten aufgesagt haben, denken wir als nächstes an unsere Schuhe draußen vor der Tür und haben Angst, daß sie vielleicht gestohlen werden. Danach denken wir an die Rückreise mit dem Bus. Obwohl wir uns im Tempel befinden, denken wir nicht eine Sekunde lang an Gott.

Kinder, es ist nicht nötig, Gott all eure häuslichen Angelegenheiten zu erzählen. Denkt einfach nur an Gott, wenn ihr im Tempel seid. Dem Arzt oder Rechtsanwalt sollten wir alles berichten, nur dann kann der Fall richtig vertreten oder die Krankheit richtig behandelt werden. Gott brauchen wir jedoch nichts zu erzählen. Er kennt unsere Gedanken und Gefühle schon. Versucht während der ganzen Zeit im Tempel namajapa (Wiederholung von Gottes Namen) zu üben, nur dann wird die dort verbrachte Zeit Früchte tragen.

Es reicht nicht, den Tempeln nur Geld zu spenden. Das heißt aber auch nicht, daß kein Geld gegeben werden soll. Wohltätigkeit ist von größter Wichtigkeit. Durch das Ausführen guter und das Vermeiden schlechter Handlungen entwickeln wir einen reinen

Geist. Es ist wie bei der Vorbereitung eines Ackers. Als erstes müssen wir das Unkraut und Gras entfernen. Wenn wir eine gute Ernte haben wollen, müssen wir danach aber auch aussäen und viel harte Arbeit leisten. Der menschliche Geist wird durch nishkama karma (Handlungen, die ohne den Wunsch nach ihren Früchten ausgeführt werden) gereinigt. Wir können jedoch nur Fortschritte machen, wenn wir mit diesem gereinigten Geist dann auch sadhana ausüben. Wenn wir wollen, daß unsere selbstlosen Handlungen uns auf dem Weg weiterbringen, müssen wir unseren Geist im Gebet Gott zuwenden. Durch gute Handlungen dehnt unser Geist sich aus. Wenn sich die spirituellen Kraft in uns jedoch auf die richtige Art und Weise entwickeln soll, dann müssen wir auch sadhana ausführen. Es reicht nicht aus, in den Tempel zu gehen, die Hände zu falten und wieder nach Hause zurückzukehren. Wir sollten die Geduld haben, dort zehn Minuten zu stehen und den Namen Gottes zu wiederholen. Nur diejenigen, die dazu bereit sind, werden einen Nutzen daraus ziehen. Selbst wenn wir in den Tempel gehen, haben wir heutzutage oft keine Geduld und überlegen nur, wie wir am schnellsten wieder nach Hause kommen. Kinder, wenn ihr einen Tempel besucht, konzentriert euch und meditiert wenigstens zehn Minuten lang in dieser Atmosphäre. Zeigt außerdem den armen und leidenden Menschen euer Mitgefühl. Dies trägt dazu bei, die richtige innere Haltung zu entwickeln, ohne die wir das Gewünschte niemals erreichen können.

Wenn ihr einen Tempel besucht, wird die dort verbrachte Zeit euch nur nützen, wenn ihr auf die richtige Art und Weise japa (Wiederholen der Namen Gottes) und dhyana (Meditation) übt. Beim Besuch eines gurukula (Wohnsitz eines guru) hingegen werdet ihr sogar ohne größere eigene Anstrengungen durch die Gnade des guru und die Kraft seines tapas (strenge spirituelle Übungen) Nutzen daraus ziehen. Der guru ist ein tapasvi (jemand, der völlig in Gott vertieft ist). So wie die Schildkröte ihre Eier durch die Kraft ihrer Gedanken ausbrütet, genügt das Denken des guru an unsere guten Taten völlig, damit uns seine Gnade zufließt und uns weiterhilft. Ein echter tapasvi kann die Struktur unseres karma völlig verändern, wenn er dies wünscht. Er wird dies im allgemeinen jedoch nicht tun, denn wir lernen und entwickeln uns unter anderem dadurch, daß wir die Ergebnisse unserer vergangenen Handlungen erfahren.

Mahatmas sind die Quellen von unermeßlicher Kraft und Gnade. Wenn wir jedoch vom Tempel sprechen, so ist unser eigenes Bemühen eine wichtige Voraussetzung für unsere Weiterentwicklung. In den gurukulas zeigen wir durch das Befolgen der Worte des guru, daß wir würdig sind, seine Gnade zu empfangen.

Im Tempel ist der guru jedoch nicht persönlich anwesend, um diese spirituelle Kraft zu übertragen. Wir müssen durch japa und dhyana Stärke entwickeln. Die pujaris (Priester) in den Tempeln sind in der Regel keine tapasvis. Für die meisten ist das Ausführen der puja ein Broterwerb. Viele pujaris haben Frau und Kinder und das Ausführen der puja ist für sie vor allem ein Mittel, um die Familie zu versorgen. Sie machen die puja nicht nur aus reiner Liebe zu Gott, nachdem sie allem anderen entsagt und alles andere vergessen haben. Wenn dies der Fall wäre, hätten sie spirituelle Kraft. Diese fehlt ihnen jedoch. Es ist gut, ihnen dakshina (Geschenke) zu geben, um sie zu unterstützen, aber wir sollten nicht meinen, daß sie uns retten könnten. Das heißt freilich nicht, daß es keine Priester gibt, die shraddha (Glauben) und bhakti (Hingabe) haben. Sicherlich lassen sie sich finden. Aber auch sie sind durch die Verpflichtung gebunden, eine Familie mit dem

Ausführen der puja zu ernähren. Sie können andere nicht von Bindungen und Leid befreien. Ein verankertes Schiff kann kein zweites verankertes Schiff über den Ozean ziehen.

Tapasvis sind dagegen anders. Ihr Geist ist völlig frei von Bindungen, und die Kraft ihres tapas kann andere retten. Um jedoch ihre volle Gnade empfangen zu können, müssen wir uns ihrer würdig erweisen. Wir sollten ihren Anweisungen folgen und an sie und ihre Worte glauben. Durch gute Handlungen zeigen wir, daß wir die richtige innere Haltung haben. Wenn sie dies und unsere Sehnsucht nach Gott sehen, werden sie uns mit ihrer Gnade segnen.

Wenn man sich aber auf einen Tempel stützt, kann man nur durch sadhana Fortschritte erzielen. Beim Besuch des Tempels muß man die Geduld haben, dort einige Zeit zu verbringen, an Gott zu denken und Meditation und japa zu üben. Nur durch solches, auf rechte Weise geübtes sadhana treten positive

Veränderungen in unserem Leben ein. Wir haben gehört, daß viele Krankheiten geheilt wurden, weil Menschen nach Guruvayur[5] gingen und dort tapas ausführten. Dies wurde möglich, weil sie mit aufrichtigem Herzen unablässig beteten. Andere Leute dagegen haben uns berichtet: "Wir sind nach Guruvayur gegangen und haben dort gebetet. Danach haben wir auch noch in Chottanikkara[6] gebetet, aber nichts ist passiert." Kinder, auch wenn viel Strom erzeugt wird, funktioniert der Ventilator nur, wenn er eingeschaltet ist. Wenn du den Schalter nicht anmachst, so beklage dich nicht, wenn kein Strom fließt. Um durch eine Pilgerfahrt Segen zu erhalten, muß man mehr tun als nur reisen. Man muß sadhana üben und mit großer Konzentration an Gott denken. Jene Menschen wurden von ihren Krankheiten geheilt, weil sie ständig zu

---

5 Ein berühmter Krishna Tempel in Kerala.

6 Ein berühmter Devi Tempel in Kerala.

Guruvayurappan[7] beteten und dafür sogar auf ihren Schlaf verzichteten. Heutzutage mieten die Leute auf einer Pilgerfahrt ein teures Ferienhaus, gehen baden, machen es sich bequem und erzählen ihren Verwandten Geschichten. Dies nützt niemandem etwas. Wenn ihre Wünsche dann nicht in Erfüllung gehen, geben sie Gott die Schuld.

Kinder, stellt euch vor, daß jemand in betrunkenem Zustand Auto fährt. Er verliert die Kontrolle über das Auto und fährt einen am Straßenrand stehenden Menschen um, der an den Folgen des Unfalls stirbt. Der Fahrer wird angezeigt und die Polizei kommt, um ihn ins Gefängnis zu bringen. Wäre es da nicht sinnlos, wenn der Fahrer erklärte: "Es war nicht meine Schuld. Der Unfall ist passiert, weil das Benzin schlecht war"? Ebenso sinnlos ist es, Gott für die Fehler verantwortlich zu machen, die wir aufgrund unserer

[7] Die Gottheit in dem Guruvayur Tempel.

Unachtsamkeit begangen haben. Wenn wir ein Feuer machen, können wir damit das Dach abbrennen oder das Mittagessen kochen. Es bleibt uns überlassen, wie wir es verwenden. Wenn man unachtsam ein brennendes Hölzchen auf ein Dach wirft und dieses in Brand gerät, kann man dann dem Feuer die Schuld daran geben und behaupten, daß es in seiner Natur liege zu zerstören? Das Feuer wirkt so, wie wir es einsetzen.

Wenn man einen Tempel besucht, sollte man dies mit dem Gefühl der Hingabe tun. Ohne in Gedanken bei unseren häuslichen Angelegenheiten zu verweilen, sollten wir jeden Augenblick darauf verwenden, an Gott zu denken. Wir müssen lernen, uns Gott völlig hinzugeben, denn Er ist der einzige, der uns den Weg zeigen und uns beschützen kann. Es ist wichtig, dies zu verstehen. Nehmen wir an, daß jemand von einer Terrasse aus einer untenstehenden Person zuruft: "Ich komme herunter. Wir gehen zusammen." Ist es nicht möglich, daß der Herunterkommende trotz dieser Zusicherung tot umfällt, bevor er das Erdgeschoß erreicht hat? Wenn das passiert, wo ist dann dieses "Ich", welches sagte, daß es herunterkommen würde? Wir können uns nur auf Gott allein verlassen. Gott hat uns hierher gebracht und nur Er kann uns retten. Mit diesem Gefühl sollten wir zum Tempel, zum Wohnsitz Gottes, gehen und voller Hingabe eintreten, ohne den leisesten Gedanken daran, daß wir um eine bestimmte Uhrzeit nach Hause zurückkehren müssen. Wir sollten uns aber mindestens zehn Minuten lang im Tempel aufhalten und meditieren.

Die Leiden der ungünstigen Dasasandhis und die Gegenmittel

Unglück, das durch Krankheiten, seelischen Kummer, Eheprobleme, plötzlichen Unfalltod und ähnliche Katastrophen ausgelöst wurde, ereignet sich meist dann, wenn im persönlichen Horoskop eine ungünstige Konjunktion mit einem der beiden Planeten Mars, Saturn oder Rahu, dem aufsteigenden Mondknoten, vorliegen. Über die Jahre hinweg ist Amma unzähligen Menschen begegnet, die in solchen Schwierigkeiten steckten, und sie war oft sehr traurig, wenn sie deren Kummer sah. Amma gab diesen Menschen bestimmte Anweisungen zur Linderung ihres Leids, und ihre Situation verbesserte sich meist sofort, wenn sie die Anweisungen befolgten. Auf diesem Weg wurden die speziellen pujas in den Brahmasthanam-Tempeln entwickelt, um den Notleidenden zu helfen.

Bei vielen Menschen in einer ungünstigen dasasandhi-Periode erscheint ein dunkler Punkt auf der Nase. In diesem Fall steht meist ein Unfall oder Unfalltod in der Familie bevor, z.B. vom Ehemann, der Ehefrau, dem Kind, einem anderen nahen Verwandten oder sogar der Person selbst. Manchmal entwickeln diese Menschen auch eine tödliche Krankheit. Viele versuchen, den dunklen Punkt durch Einnahme von Medikamenten zu entfernen. Trotzdem bleibt er zwölf, dreizehn und manchmal sogar noch mehr Jahre sichtbar. Neunundneunzig Prozent dieser Menschen erleiden Unfälle. In manchen Fällen tritt jedoch auch keine Farbveränderung auf. Amma hat schon viele Menschen unter ungünstigen dasasandhis leiden sehen, die überhaupt keinen dunklen Punkt hatten.

Kinder, solche Leiden können nur beseitigt werden, wenn wir in der richtigen Art und Weise bei Gott Zuflucht suchen. Unglück durch Schicksalsschläge kann nur durch japa und dhyana verhindert werden. Es ist möglich, mit dem Schwert der Hingabe die Fesseln der Bindungen zu durchtrennen. Bevor die ersten Brahmasthanam-Tempel gebaut wurden, gab Amma Menschen in einem ungünstigen dasasandhi das mantra der persönlichen ishta devata und riet ihnen, japa zu machen (es laufend zu wiederholen). Sie wurden außerdem aufgefordert, auf die ishta devata zu meditieren und selbstlosen Dienst zu verrichten. Amma kennt viele Fälle, in denen die Situation verbessert und unglückliche Umstände abgewehrt wurden. Trotz alledem muß jedoch ein geringes Maß an Schmerz erfahren werden. Wenn jemand von einer Kokospalme getroffen werden sollte, so traf ihn stattdessen eine kleine Kokosnuß. Oder anstelle des eigenen Todes trat der Tod eines Haustiers ein. Darin liegt ein großer Unterschied, denn, obwohl etwas Kleines verloren ging, wurde im Verlauf des Geschehens etwas sehr Wichtiges gewonnen.

Ein Mindestmaß an prarabdha muß durchlitten werden. Durch Gebete, japa und dhyana läßt sich das Leiden jedoch sehr stark vermindern. Bis zum heutigen Tage hat Amma die Probleme von unzähligen Menschen angehört. Einmal kamen zwei Personen zu Amma, die unter dem gleichen Stern und zur selben Zeit geboren wurden. Im Horoskop von beiden wurde ein Unfall vorhergesagt. Amma gab beiden ein mantra und bat sie, bestimmte Bußübungen zu verrichten und ständig japa zu üben. Amma sagte ihnen, daß Sie ein sankalpa (Beschluß) fassen würde. Einer der beiden folgte Ammas Anweisungen nicht und mußte den im Horoskop vorhergesagten Unfall erleiden. Der andere übte in der richtigen Weise japa und dhyana, und in seinem Fall wurde der Unfall abgewendet. Dies zeigt, daß es tatsächlich möglich ist, sich durch japa und dhyana von prarabdha zu befreien. Trotzdem muß ein kleiner Teil des prarabdha durchlitten werden. In den Puranas steht geschrieben, daß sogar Shiva, als er in einer menschlichen Form auf die Erde kam, ein Mindestmaß an prarabdha durchleben mußte.

Während einer Operation entsteht beim Aufschneiden des Körpers zweifellos Schmerz. Wenn der Patient jedoch betäubt wurde, spürt er diesen Schmerz nicht. Der Körper muß aufgeschnitten werden, ob der Patient eine Narkose bekommen hat oder nicht. Durch die Betäubung bleibt ihm der Schmerz aber erspart. Auf ähnliche Art müssen wir ganz sicher in einem gewissen Maß die Wirkungen unserer vergangenen Taten erfahren. Wenn wir aber auf Gott vertrauen, können wir von dem Leiden befreit werden, das uns sonst befallen würde. Wenn wir unser Leben in Gottes Hände legen, kann prarabdha kommen und gehen, wir bleiben davon unberührt.

Als Amma die günstigen Veränderungen in den Menschen sah, die den anushthana (strenge spirituelle Übungen) entsprechend Ihrer Empfehlungen ausgeführt hatten, und das Unglück derer, die ihn unterließen, faßte Sie den Entschluß, Tempel mit besonderen

Einrichtungen für bestimmte kriyas (Rituale) zu bauen. Gibt es nicht Geschichten in den Puranas, die zeigen, wie Menschen, die unter bestimmten prarabdhas leiden sollten, das Leiden abwendeten, indem sie Gott versöhnlich stimmten? Dies wird uns aber nur gelingen, wenn wir echte strenge Bußübungen ausführen. Mit Konzentration und Hingabe ausgeführtes japa und dhyana kann prarabdhas tatsächlich verändern.

Unser Körper ist von einer Aura umgeben. Wenn wir unter dem Einfluß von ungünstigen Planeten stehen, wird diese Aura verdunkelt. In solchen Zeiten fühlen sich die Menschen, als ob sie im Dunkeln tappen. Sie können nicht klar denken und nicht effektiv arbeiten. Die Menschen in ihrer Umgebung fühlen sich allein durch ihre Anwesenheit gestört. Wenn sie jedoch an den zur Beseitigung dieser schlechten Wirkungen entwickelten Grahadosha Nivarana Pujas teilnehmen und mantra japa mit Konzentration ausführen, wird ihre Aura durchsichtig und golden. Sie sind dann wieder in der Lage, effektiv zu arbeiten und anderen auf liebevolle und harmonische Weise zu begegnen.

Es ist in der Tat möglich, die Wirkungen vergangener schlechter Taten durch gegenwärtige Handlungen zu verändern. Wenn wir einen Stein nach oben werfen, wird er normalerweise zur Erde zurückfallen. Kann er aber nicht auch mitten in der Luft aufgefangen werden? Die Leiden des prarabdha können auf ähnliche Weise verhindert werden, wenn man auf Gott vertraut und sich in angemessener Weise selbst darum bemüht.

Gruppenpujas gegen den Einfluss von ungünstigen Planeten

Menschen, die unter dem Einfluß von ungünstigen Planetenkonjunktionen stehen, können an den Gruppenpujas zur Beseitigung dieser

Wirkungen teilnehmen, die wöchentlich in den Brahmasthanam-Tempeln abgehalten werden. Sie sollten diese pujas selbst durchführen. In jedem Tempel findet freitagabends die puja für die Beseitigung der ungünstigen Wirkung von Chovva statt, samstagmorgens für Rahu und samstagabends für Sani. Dies sind die drei Hauptpujas, die in den Tempeln in der Gruppe ausgeführt werden. Jeden zweiten Sonntag im Monat können die Tempelbesucher auch am udayasthamana archana (ganztägige Rezitation des Lalita Sahasranamam) teilnehmen. Es werden jeweils genaue Anweisungen zur Ausführung der pujas gegeben.

An anderen Tagen können die Besucher in den Tempel kommen, sich vor der Tempelgottheit verneigen und ihr persönliches sadhana üben. Es gibt keine allgemeinen Anweisungen zum mantra, das benützt werden sollte. Mantras können nur individuell gegeben werden entsprechend den Eigenschaften und dem Charakter des Gläubigen. Auch wenn jemand kein mantra erhalten hat, kann er in den Tempel kommen und meditieren. Falls gewünscht, ist es möglich, eine Kokosnuß als Opfergabe für Ganapathi öffnen zu lassen. Für die Beseitigung unserer Leiden ist es auch vorteilhaft, pujas für die navagrahangal (neun Planeten) ausführen zu lassen.

Die beste Art der Verehrung ist jedoch, ständig auf unseren ishta devata, unsere am meisten geliebte Form von Gott, zu meditieren. Hat Er nicht das gesamte Universum erschaffen und sind nicht alle Planeten unter Seiner Kontrolle? Um das andere Ufer zu erreichen, sollten wir auf einem starken Schiff übersetzen. Wenn wir statt dessen in ein Boot mit einem Leck steigen, wird Wasser in das Boot eindringen und es zum Sinken bringen. Daran dachte Amma, als sie den pratishta des Tempels in einer Form gestalten ließ, die den Menschen hilft, das allen Namen und Formen zugrunde liegende Höchste Wesen zu verstehen.

Am Besten ist es, die Pujas selbst auszuführen

Die wichtigste Bedingung für Gruppenpujas ist, daß jeder einzelne die puja selbst ausführt, in der gleichen Art wie pithrubali-Zeremonien (Opferungen für die Vorfahren) durchgeführt werden. Der Tempel ist ein Ort, an dem die Gläubigen in einer Atmosphäre der Konzentration direkt mit Gott in Verbindung treten können. In den Brahmasthanam-Tempeln gibt es Priester, welche die tägliche Verehrung ausführen. Trotzdem sollten die Gläubigen an den dort angebotenen Gruppenpujas selbst teilnehmen und den gegebenen Anweisungen folgen. Diese pujas sind eine Form von Meditation. Nur wenn sie mit Konzentration ausgeführt werden, können sie eine günstige Wirkung entfalten.

Wenn man Radiomusik hören will, muß man den Apparat nach dem Anschalten auf den richtigen Sender einstellen. Der Sender strahlt immer Programme aus. Es ist sinnlos, dem Sender die Schuld zu geben, wenn man die Musik nicht hören kann. Sie ist mit Sicherheit zu hören, wenn das Radio richtig eingestellt ist. Wenn wir in ähnlicher Weise Gottes Gnade erhalten wollen, so sollten wir unsere Gedanken fest auf Gott richten und puja, japa und dhyana selbst ausführen, auch wenn es einen Priester gibt, der die pujas ebenfalls ausführt.

Kinder, wenn ihr den Wasserhahn aufdreht und den Eimer umgekehrt darunter stellt, fließt das Wasser nicht in den Eimer, sondern auf den Boden. Wenn euer Eimer mit der richtigen Seite nach oben zeigt, aber mit Schlamm gefüllt ist, so werdet ihr auch kein Wasser auffangen können. Der Eimer wird einfach überlaufen und das Wasser ist verschwendet.

Unser Geist ist wie dieser Eimer. Meistens ist er umgedreht, d.h. von Gott abgewandt. Das ahamkara (Ego) dreht den Eimer um und verhindert, daß wir Gottes Gnade erhalten. Zu anderen Zeiten ist der Eimer unseres Geistes mit dem Schlamm des Zorns, des Neids und der Selbstsucht gefüllt, und es gibt darin keinen Platz für Gottes Gnade. In beiden Fällen sind wir die Verlierer. Dies zeigt, daß eigene Bemühungen notwendig sind, um Gottes Gnade zu erhalten.

Welche Eigenschaften hat ein guter Pujari?

Im Brahmasthanam-Tempel gibt es einen pujari, der die Verehrung ausführt. Er sollte ein Mann sein, der Hingabe und den starken Wunsch nach Verwirklichung des Selbstes hat. Er sollte außerdem nicht nur für seine eigene Familie leben, sondern auch für das Wohlergehen der Welt und das Gedeihen der Weltfamilie. Nur dann wird cr in der Lage sein, die göttliche Energie der aufgestellten Bildgestalt zu verstärken. Der Tempel muß von lebendiger spiritueller Energie durchdrungen sein, um eine gute Wirkung auf die Besucher zu entfalten. Wenn der Priester ein echter sadhak ist, wird der Tempel von guten Schwingungen erfüllt sein. Wenn der pujari Gott hingegen nicht wirklich liebt, dann unterscheidet sich die in diesem Tempel als prasad gegebene Blume nicht von der Blume eines Blumenstandes an der Straßenecke. Nur wenn der pujari das archana mit Hingabe und Konzentration ausführt, kann man dies als echte Verehrung bezeichnen. Solche Verehrung hat Kraft. Der Ort, an dem die Blume geopfert wurde, wie auch die umgebende Atmosphäre werden erfüllt von den Schwingungen spiritueller Energie und dies hat eine günstige Wirkung auf die Besucher. In Anbetracht dessen sollten nicht nur die pujaris, sondern alle Gläubigen ihr sadhana mit zielgerichteter Hingabe und Aufmerksamkeit ausführen.

Wer sollte die heilige Bildgestalt einweihen?

Die Person, welche die heilige Bildgestalt einweiht, sollte ein tapasvi sein. In früheren Zeiten wurden die Bildgestalten von mahatmas eingeweiht. In der gleichen Art, wie ein mahatma das mantra eines Schülers bei der Initiation mit spiritueller Kraft auflädt, läßt der mahatma bei der Einweihung einer heiligen Bildgestalt in einem Tempel chaitanya (schwingende spirituelle Energie) in die Bildgestalt fließen. Nur dann wird die chaitanya in der Bildgestalt zunehmen, wenn sie verehrt wird. Wenn der Milch ein kleines bißchen Buttermilch zugesetzt wird, verwandelt sie sich in Yoghurt. Wenn wir jedoch nur Milch zur Milch geben, passiert nichts. Durch den mahatma muß lebendige Energie in die Bildgestalt übertragen werden, dann wird sie shakti haben. Nur dann kann diese chaitanya durch die Ausführung von pujas wachsen.

Vor der Einweihung muss die Umgebung gereinigt werden

Vor der Einweihung der Bildgestalt muß die Umgebung des Tempels gereinigt werden. Aus diesem Grund läßt Amma eine große Zahl von Gläubigen im Tempelgelände zusammenkommen und das archana vor der Einweihung viele Male rezitieren. Vor den archanas ist das Tempelgelände von verschiedenen anderen Schwingungen durchdrungen. Die Umgebung des Tempels sollte durch die Kraft des mantra gereinigt werden, so daß es an diesem Ort nur noch die Schwingungen der Gottheit gibt. Wenn die Kraft des mantra eine bestimmte Stufe erreicht hat, werden alle negativen Energien wirkungslos.

Solange Reispflanzen noch klein sind, muß man das Unkraut entfernen. Sobald sie jedoch stark geworden sind und die Reiskörner sich zeigen, brauchen wir uns um das Unkraut keine Gedanken mehr zu machen, denn es kann den Pflanzen in diesem Stadium keinen Schaden mehr zufügen. Auf ähnliche Weise muß vor der Einweihung die subtile Verschmutzung der Atmosphäre mit der Kraft des mantra beseitigt und die göttliche Energie des Ortes verstärkt werden. Wenn die shakti eine gewisse Intensität erreicht hat, können die unreinen weltlichen Schwingungen dem Tempel nicht mehr schaden. Deshalb versammelt Amma vor der Einweihung eine große Zahl von Gläubigen, die im Tempelgelände archana ausführen. Außerdem werden die während des archana geopferten Blumen unter dem sanctum sanctorum vergraben und der pratishta direkt darüber aufgestellt. Die Bildgestalt steht so unmittelbar auf Erdboden, der mit der Kraft des mantra aufgeladen wurde.

Tempelkultur und wohltätiges Handeln

Manche Menschen fragen: "Warum sollten wir dem Tempel Geld geben? Braucht Gott Geld?" Kinder, wenn wir an etwas haften und diese Sache Gott geben, ist es so, als ob wir Gott unsere Gedanken und Gefühle opfern. Da in der heutigen Zeit die meisten Menschen an ihrem Geld haften, ist das Spenden von Geld eine Art, wie wir Gott unsere Anhaftungen opfern können. Dies steckt als Prinzip hinter dem Spenden von Geld. Heutzutage hat die Gier solche Ausmaße erreicht, daß viele Männer heiraten, ohne der Beziehung zur Braut großen Wert beizumessen. Sie sorgen sich nur um die Größe der Mitgift. Sie lieben das Geld mehr als die Person. Wenn die Mutter einer Familie auf dem Sterbebett liegt, hoffen ihre Söhne und Töchter nicht, daß sie wieder gesund wird. Sie zählen die Anzahl der Kokosnusspalmen auf dem Anteil Land, das sie erben werden. Wenn ein Sohn sieht, daß sein Stück Land kleiner als das der anderen ist, denkt er vielleicht sogar daran, seine Mutter umzubringen. So ist die heutige Welt. Die zügellose Gier nach Geld veranlaßt den Menschen, eine beliebige Anzahl schlechter Taten zu vollbringen. Um uns von der Anhaftung an Geld zu reinigen, sollten wir unseren Reichtum Gott geben. Wenn wir Gott unser verunreinigtes Bewußtsein opfern, erhalten wir es gereinigt zurück. Dann fängt das Licht des Friedens an, in unserem Leben zu leuchten. Gott braucht kein Geld. Zu behaupten, daß Gott Geld brauche, ist so, als ob wir sagten, daß die Sonne eine Kerze benötige, um ihre Bahn auszuleuchten.

Eine weitere vorteilhafte Wirkung von Geldspenden an den Tempel ist die Unterstützung von vielen guten und wohltätigen Aktivitäten. Das Geld kann für die Veröffentlichung von spirituellen Büchern verwendet werden oder für dic Organisation von Programmen, die in den Menschen Hingabe und einen Sinn für das Geistige entwickeln helfen. Solche Spenden fördern die Weiterentwicklung der gesamten Gesellschaft und heben gleichzeitig das Bewußtsein des Spenders.

Manche Rationalisten fragen: "Wenn die Armen am Verhungern sind, warum sollten wir dann den Tempelgottheiten süßen Pudding opfern?" Kinder, wer ißt denn den Pudding nach der Opferung? Sind es nicht die Menschen, die ihn schließlich essen? Wenn wir Gott etwas mit Hingabe opfern, wird unser Bewußtsein auf eine höhere Stufe gehoben. Durch das Essen der Gott geopferten und von den Schwingungen der göttlichen mantras durchdrungenen Speise werden unser Körper und unser Geist gereinigt. Die Opferhandlungen im Tempel sind zu unserem und nicht zu Gottes Nutzen. Was könnten wir denn dem allwissenden und allmächtigen Gott opfern? Wir sollten aufhören zu denken, daß wir Gott etwas zu Seinem Nutzen opfern. Statt dessen sollten wir fühlen, daß Gott unser Beschützer ist. Nur dann können wir wachsen. Nicht wir beschützen Gott, sondern Er beschützt uns.

Tapas und sadhana von Menschen, die keinen Sinn für den dharma (Rechtschaffenheit) haben, ist wie Milch, die in ein schmutziges Gefäß gegossen wird. Die Milch verdirbt bald. Wenn wir voller Selbstsucht sind, können wir Gottes Gnade nicht empfangen, auch wenn sie uns in reichem Maße zufließt. Wenn wir dagegen unsere Gebete mit wohltätigem Handeln verbinden, können wir bis in den höchsten Zustand erhoben werden. Nur wenn wir Mitgefühl mit den Leidenden entwickeln, sind wir würdig, Gottes Gnade zu empfangen. In der heutigen Zeit zögern die Menschen nicht, auf dem Weg zum Tempel einen Bettler wegzujagen und ihm zu sagen, daß er sie nicht belästigen soll. Kinder, wenn wir statt dessen freundlich zu dem armen Bettler sind, so ist das echte bhakti. Unsere Pflicht Gott gegenüber ist, den Armen Mitgefühl zu zeigen. Jeden als eine Form des Göttlichen zu betrachten, ist wahre Hingabe und wahres Wissen. Nur so können wir einen reinen Geist entwickeln, ohne den wir niemals den höchsten Zustand erreichen können.

Wieder andere fragen: "Warum sollten wir Geld ausgeben, um die Gottheit mit Blumengirlanden zu schmücken? Ist das nicht unsinnig?" Kinder, viele Familien verdienen ihren Lebensunterhalt durch den Verkauf von Blumen und Blumengirlanden für die Tempelgottheiten. Derjenige, der die Pflanzen gepflegt hat, verdient bei ihrem Verkauf genauso wie derjenige, der die Blumengirlande geknüpft hat. Wenn andere sehen, daß man auf diese Weise seinen Lebensunterhalt verdienen kann, werden auch sie Blumen anpflanzen. Sie tragen damit zum Erhalt und der Pflege der Natur bei. Außerdem ist der Käufer zufrieden über die Opferung der Blumengirlande im Tempel und seine Hingabe an Gott kann sogar zunehmen. Dadurch, daß wir blühende Pflanzen im kavu (dichte Anpflanzung von Bäumen, Büschen und Rankengewächsen neben dem Tempel) anpflanzen und die Blumen für die pujas verwenden, helfen wir diesen Pflanzen zu überleben und zu gedeihen. Viele Tempel haben eine Art von kavu und manche haben sogar einen Teich, wo Reptilien und Vögel leben können. Der Schutz dieser Gebiete kommt der gesamten Natur zugute. In früheren Zeiten fürchteten die Menschen den Zorn Gottes, wenn sie eine Pflanze berührten und dabei verletzten. Heutzutage schrecken sogar Menschen mit einer naturwissenschaftlichen Ausbildung nicht davor zurück, ganze Wälder abzuholzen, obwohl es gerade ihnen bewußt sein sollte, daß die Natur geschützt werden muß. Sie werden durch Selbstsucht dazu veranlaßt, so zu handeln. In alten Zeiten verhinderte der Glaube an die Tempel und an religiöse Handlungen, daß diese Art von Selbstsucht in den Menschen zunahm. Eigentlich hat jede Handlung, die mit Tempelverehrung zu tun hat, einen Bezug zur Natur. Wenn wir diese Handlungen sorgfältig untersuchen, sehen wir, daß sie die Natur schützen.

Gott ist die Verkörperung des Mitgefühls. Er hat uns alles gegeben, was wir brauchen. Er hat alle belebten und unbelebten Gegenstände erschaffen und gab uns Sonne und Regen im richtigen Verhältnis. Die Pflanzen, die Er erschaffen hat, versorgen uns mit der nötigen Nahrung. Sie opfern sich ständig für uns. Und was geben wir ihnen dafür? Luft, die durch unsere Selbstsucht verunreinigt wurde. Ein selbstsüchtiger Mensch verschmutzt die Natur mit den schädigenden Schwingungen seines Zorns, seines Neids und seiner Eifersucht. Obendrein schreckt er nicht davor zurück, Bäume zu fällen, Pflanzen aus der Erde zu reißen und Tiere zu töten. Wir können ganz allgemein sagen, daß die Natur durch den Menschen nur Schaden erleidet. Die Schwingungen von Gebeten, japa und dhyana die vom Tempel ausstrahlen, helfen dagegen, die verschmutzte Atmosphäre und Natur wieder zu reinigen. Der von den heiligen Öllampen und dem homakundam (Opferfeuer) aufsteigende Rauch hat eine reinigende Wirkung auf die Umgebung und hilft, die weitere Verschmutzung der Natur zu verhindern.

Wenn wir die Rolle des Tempels in unserer Gesellschaft untersuchen, können wir erkennen, daß er so etwas wie ein göttliches Allheilmittel gegen die vielen Leiden der Gesellschaft ist.

Ein Wegweiser

Manche Menschen fragen: "Warum sollten wir die Gottheit im Tempel verehren? Sollte nicht eher der Bildhauer verehrt werden, der die Bildgestalt aus dem Stein geformt hat?" Kinder, wenn wir ein Gemälde unseres Vaters sehen, denken wir dann an den Künstler oder an unseren Vater? Wir denken an unseren Vater. Auf ähnliche Weise helfen uns die Bildgestalten, an Gott zu denken. Wenn wir einen aus Wachs geformten Apfel betrachten, erinnert er uns nicht an einen echten Apfel? Zu kleinen Kindern, denen wir Bilder von einem Papagei oder einer Taube zeigen, sagen wir: "Das ist ein Papagei und dies hier eine Taube." Erst wenn sie älter werden, können sie solche Bezeichnungen auch ohne Bilder verstehen. Ganz ähnlich können wir mit der Hilfe von Tempeln und heiligen Bildgestalten unsere wahre Identität, den atman, verstehen lernen und uns zu unserer wahren Natur hinentwickeln. Wenn wir unser wahres Göttliches Selbst erkannt haben, brauchen wir die Tempelverehrung nicht mehr.

Kinder, Gottesverwirklichung sollte unser Ziel sein. Die Tempel helfen uns, dieses Ziel zu erreichen. Ein sadhak, der ein echter tapasvi ist, braucht keinen Tempel mehr. Für normale Menschen wie uns ist der Tempel jedoch eine wesentliche Stütze. Das Bewußtsein der meisten Menschen benötigt die Tempelverehrung, um emporgehoben zu werden.

Auch in alten Zeiten wurden keine Tempel benötigt. Damals war der Tempel im Herzen und der Wald draußen in der Welt. Heute haben die Wälder zerstörerischer Gedanken und Gefühle unseren Geist überwuchert, und die Tempel befinden sich außen. Kinder, Gott wohnt in unserem Herzen. Dort sollte Er mit unschuldiger Liebe verehrt werden. Der glückselige Herr ist in Wirklichkeit unser eigenes Selbst. Er ist alldurchdringend. Wir sollten ihn überall sehen können, alle belebten und unbelebten Objekte als Seine Formen betrachten und ihnen mit Liebe dienen.

Die mit Tempeln und Tempelverehrung verbundenen Handlungen haben zahllose Generationen überlebt. Keiner kann sie eines schönen Tages einfach abschaffen. Die richtige Form der Tempelverehrung wird für die heutige Gesellschaft sogar immer wichtiger. Mit Hilfe des Tempels können die Menschen eine geistige Kultur entwickeln und auf den rechten Weg gebracht werden. Die Tempel sind ein wichtiger Bestandteil unseres Lebens. Der Versuch, die Tempel aus unserer Gesellschaft zu entfernen, ist genauso vergeblich wie der Versuch, den Ozean trockenzulegen.

"Einen Tempel renovieren, heißt nicht einfach, einen großen Turm mit kanikamandapa (goldene Spitze) bauen. Wir müssen sorgfältig darauf achten, die Tempelrituale in der richtigen Art und Weise auszuführen, regelmäßig Satsang zu halten und Bhajans zu singen. Nicht Prunk und Festlichkeiten, sondern Hingabe und bhavana (Vorstellungskraft) verleihen der Tempelatmosphäre spirituelle Kraft."

– Amma

"Dein Herz ist der wahre Tempel. Dort sollst Du Gott einen festen Platz geben. Gute Gedanken sind die Blumen, die ihm geopfert werden, gute Taten Seine Verehrung, gute Worte die Tempellieder, Liebe die göttliche Opfergabe."

– Amma

Erfahrungsberichte

ananyās cintayanto mām
ye janāha paryupāsata
teśām nityābhiyuktānām
yoga-kśemam vahāmyaham

Den treuen Gläubigen, die sich nur Mir alleine hingeben und die Mich beständig verehren, versichere ich, daß ihnen alles gegeben wird, was ihnen fehlt, und daß ihnen alles erhalten bleibt, was ihnen gehört.

– Bhagavad Gita

In allem verkörperten Leben muß prarabdha erfahren werden. Dies ist ein Naturgesetz und auch eine wesentliche Grundlage der spirituellen Wissenschaft. Sogar Göttliche Inkarnationen müssen sich dem prarabdha unterwerfen, um der Welt diese Wahrheit zu lehren.

Kummer und Leid können jedoch stark reduziert werden, wenn wir ganz auf Gott vertrauen. Der allem innewohnende Schöpfer kann sich nicht taub stellen, wenn wir mit aufrichtigem und bewegtem Herzen zu ihm beten. Es gibt zahllose Beispiele von Menschen, die das Leid in ihrem Leben vermindern und in ihrem Horoskop vorausgesagte Unglücksfälle verhindern konnten, weil sie mit festem Glauben das von Amma gegebene mantra wiederholten und die von Amma empfohlenen spirituellen Übungen diszipliniert ausführten. Wir haben im folgenden einige dieser Erfahrungsberichte gesammelt.

Sarasamma lebte mit ihrem Mann und ihren Kindern in Karunagapally, einem kleinen Ort südlich von Amritapuri. Sie führten ein glückliches und zufriedenes Familienleben, bis sie eines Tages durch unglückliche Umstände plötzlich all ihre Ersparnisse, ihr Land und sogar das Haus verloren, in dem sie lebten. Mit einem Schlag waren sie von der Großzügigkeit anderer abhängig, um ihre täglichen Bedürfnisse erfüllen zu können.

In dieser schweren Zeit hörten sie von Amma. Nachdem sie bei Ammas Lotusfüßen Zuflucht genommen hatten, wurden alle widrigen Umstände nach und nach behoben. Sarasammas Glaube an die Heilige Mutter wurde dadurch unerschütterlich.

Amma hatte Sarasamma und ihre Familie auch mehrmals vor Unfällen in ihrem Haushalt gewarnt und ihnen geraten, ein bestimmtes mantra zu wiederholen und an einem bestimmten Wochentag zu schweigen und zu fasten. Nach einer solchen Warnung von Amma ereignete sich jedes Mal nur ein kleines Mißgeschick. In jeder dieser Situationen war sich Sarasamma sicher, daß nur Ammas Gnade ein größeres Unglück verhindert hatte.

Als sie eines Tages in den ashram kam, sagte Amma zu ihr: "Tochter, Mutter sieht einen bevorstehenden Todesfall in deiner Familie. Halte an deinem Gelübde fest und bete aufrichtig zu Gott. Mache dir keine Sorgen, denn Amma ist immer bei dir." Obwohl Sarasamma bei Ammas Worten erschrak, behielt sie ihren festen Glauben.

Einige Tage danach wurde Sarasammas älteste Tochter von einer Giftschlange gebissen. Sarasamma brachte das Mädchen sofort in den ashram. Als sie schließlich ankamen, hatte sich der ganze Körper des Mädchens bereits blau verfärbt und dicker Schleim floß aus ihrem Mund. Es schien, als ob sie in ihren letzten Zügen lag. Sarasamma saß weinend neben ihrer Tochter und die Ashrambewohner versuchten, sie zu trösten. Amma, die gerade Devi Bhava Darshan gab, ließ ausrichten, daß das Mädchen im ashram übernachten solle. Einige Besucher trugen das Mädchen in ein Zimmer und legten es auf eine Matratze. Sarasamma wich die ganze Nacht nicht von der Seite ihrer Tochter.

Am nächsten Morgen ging es dem Mädchen nicht besser. Sie schien kaum mehr zu leben. Sarasamm brach vor Kummer und Sorge fast zusammen, aber ihr fester Glaube an Ammas Schutz ließ sie etwas Kraft schöpfen und auf Besserung hoffen.

Plötzlich schlängelte sich eine große Kobra durch den Eingang des Gebäudes und bewegte sich geradewegs auf Sarasammas Tochter zu. Die anderen Besucher bekamen Angst und riefen: "Eine Schlange, eine Schlange!" Als das Mädchen dies hörte, öffnete es seine Augen. Es sah die aufgeblähte Haube der Schlange direkt vor sich und setzte sich plötzlich ruckartig im Bett auf. Dies veranlaßte die Schlange umzudrehen und aus dem Gebäude zu verschwinden. Zum großen Erstaunen aller zeigte der Körper des Mädchens ein paar Minuten später keinerlei Schlangenbißsymptome mehr.

Das Mädchen war vollständig geheilt! Kurz darauf kam Amma ins Zimmer und fragte, wie es dem Mädchen ginge. Die Herzen von Sarasamma und ihrer Tochter flossen über vor Dankbarkeit und Hingabe und sie verneigten sich vor der Heiligen Mutter.

Nachdem einige Zeit verstrichen war, ging Sarasamma auf Drängen ihrer Verwandten zu einem berühmten Astrologen. Ohne zu erwähnen, daß es sich um ihre Tochter handelte, bat sie ihn, aufgrund der genauen Angaben zu Geburtsort und -zeitpunkt die Zukunft der betreffenden Person zu beschreiben. Nachdem er exakte astrologische Berechnungen angestellt hatte, erklärte der Astrologe mit großer Überzeugung: "Diese Person ist vor kurzem an einem Schlangenbiß gestorben." Sarasamma erwiderte: :"Nein, dies ist das Horoskop meiner Tochter und sie lebt noch." Der Astrologe vertraute stark auf seine Wissenschaft und seine Fähigkeiten und konnte

Sarasammas Worten nicht glauben. Er dachte einen Augenblick nach, machte noch ein paar weitere Berechnungen und sagte: "Es besteht kein Zweifel, daß Ihre Tochter vor einiger Zeit an einem Schlangenbiß sterben sollte. Wenn sie noch lebt, dann nur durch ein Wunder und eine seltene Gnade Gottes."

Sarasamma fand später auch noch das Horoskop, das in der Kindheit ihrer Tochter erstellt worden war. Auch darin war vorhergesagt worden, daß sie im Alter von 19 Jahren an einer Vergiftung sterben sollte. Genau in diesem Alter wurde ihre Tochter von der Schlange gebissen. Sarasamma erklärt dazu: "Nur Ammas grenzenlose Gnade hat meine Tochter gerettet. Die Heilige Mutter ist unser einziger Schutz."

Hier muß angemerkt werden, daß Sarasamma durch die sorgfältige Einhaltung der von Amma empfohlenen strengen spirituellen Übungen sehr aufnahmebereit für Ammas sankalpa zum Schutz der Familie war. Um Gottes Segen zu erhalten, müssen wir zu geeigneten Gefäßen für seine göttliche Gnade werden.

Der nächste Bericht erinnert an die uralte Geschichte von Styavan und Savitri, in welcher ein Mann durch die Bußübungen seiner Frau dem Tod entrissen wurde.

Eines Tages kam eine Frau aus dem Dorf Thazhava in den ashram und erzählte Amma, daß sie in ständiger Angst vor dem Tod ihres Mannes lebe. Ihr Mann hatte ein unvollständiges Horoskop erhalten, das nach der Hälfte seiner Lebenszeit in einer ungünstigen Periode einfach abbrach. Im Horoskop der Frau war außerdem zu sehen, daß sie in derselben Zeit durch ihren Mann großes Leid erfahren würde. Was könnte einer liebevollen Ehefrau mehr Sorge bereiten als das?

Amma gab der Frau ein mantra und riet ihr, einen Tag in der Woche für spirituelle

Übungen vorzusehen. Sie gab ihr außerdem noch die Anweisung, eine Kuh zu kaufen und zu halten. Die Frau befolgte Ammas Anweisungen sehr genau.

Als die Frau einmal zum darshan kam, sagte Amma zu ihr: "Tochter, brich dein Gelöbnis nicht. In der Zeit, in der das Horoskop deines Mannes abbricht, wird sich ein Todesfall in deiner Umgebung ereignen. Du solltest von ganzem Herzen beten und bei Gott Zuflucht suchen."

Die Frau nahm sich Ammas Worte zu Herzen. Sie verstärkte ihr tägliches sadhana und dadurch wurde die Kraft ihres Gebetes immer stärker. Kein Tag verging, ohne daß sie vor Ammas Bild weinte. Als sie in dieser Zeit einmal aus dem Haus ging, um die Kuh loszubinden, war sie total schockiert, als sie diese tot auf dem Boden liegend fand. Sie hatte der Kuh kurz zuvor noch Wasser gegeben und nichts Auffälliges bemerkt. Die Frau glaubte fest an

Ammas Worte und hatte das starke Gefühl, daß der vorhergesagte Tod ihres Mannes auf die Kuh übertragen worden war.

Als ihr Mann am selben Abend nach Hause kam, bemerkte sie eine Schürfwunde an seinem Bein. Sie fragte, wo er sich aufgeschürft habe, und er erzählte: “Während ich die Straße hinunterging, wurde ich plötzlich von hinten von einem Fahrrad angefahren. Ich stürzte, schürfte das Bein auf und verstauchte meine Hand.“ Jetzt spürte die Frau noch deutlicher, daß ein tödlicher Unfall durch Ammas Gnade in ein paar Schürfungen und Prellungen umgewandelt worden war. Das Leben ihres Mannes war dadurch gerettet worden.

Ist dies nicht ein anschauliches Beispiel dafür, daß sogar der Tod durch stete Hingabe an Gott und das Einhalten strenger Bußübungen bezwungen werden kann?

Sri Kuttappan Nair lebte in Cheppad. Er verehrte Amma schon viele Jahre lang. Als er eines Tages zum darshan in den ashram kam, sagte Amma zu ihm: "Mein Sohn, dies ist eine sehr ungünstige Zeit für dich. Ein Unfall kündigt sich in nächster Zeit an. Amma gibt Dir ein spezielles mantra, das du wiederholen sollst. Auch solltest du von jetzt an immer samstags ein Schweigegelübde einhalten. Wenn du das Gelübde nicht sofort aufnimmst, wird sich in deinem Haus ein Unfall ereignen."

Laut seinem Horoskop befand sich der Mann gerade in einer Periode, die Kandaka Shani genannt wird. In dieser Zeit muß der Mensch viele schmerzhafte Erfahrungen machen. Unglücklicherweise hielt Kuttappan das Gelübde am ersten Samstag nicht ein. Kurz darauf starb in seinem Haus ein kleiner Hund. Am darauffolgenden Samstag konnte er das Schweigegelübde auch nicht aufnehmen und das von allen am meisten geliebte Haustier starb. Als er die Genauigkeit von Ammas Voraussagen erkannte, hielt er das Gelübde ein, und es ereigneten sich in seinem Haus keine Todesfälle mehr.

An irgendeinem Samstag brach er das Schweigen jedoch versehentlich und hatte kurz darauf einen Unfall. Während er eine Jackfrucht vom Baum herunterschnitt, prallte das Messer vom Baumstamm ab und verursachte eine tiefe Wunde auf seiner Stirn. Nur eine kleine Abweichung des Messers hätte genügt, und er hätte ein Auge verloren! Als ihm bewußt wurde, wie wichtig es war, das Schweigegelübde streng einzuhalten, führte er es von diesem Tag an mit größerer Sorgfalt aus.

Nachdem die in seinem Horoskop sichtbare ungünstige Periode vorbei war, fragte er Amma: "Soll ich das Schweigegelübde auch weiterhin einhalten? Wurden nicht alle schlechten karmas beseitigt?"

Amma erwiderte: "Mein Sohn, nehmen wir einmal an, daß ein Sandelholz-Räucherstäbchen in einem Raum abgebrannt wurde.

Obwohl das Räucherstäbchen sich in Asche verwandelte, hält sich der Duft noch lange im Zimmer. Auf ähnliche Weise können die Wirkungen der Kandaka Shani Periode sich noch längere Zeit danach bemerkbar machen. Gib dein Gelübde nicht auf, weil du glaubst, daß die schlechten Zeiten vorbei sind. Es ist in jedem Fall günstig, den Schweigetag auch weiterhin beizubehalten."

Sri Nair hat das Gelübde bis zum heutigen Tag eingehalten. Obwohl er es ursprünglich ablegte, um die Auswirkungen der ungünstigen astrologischen Periode abzuschwächen, hält er das Gelübde heute als Teil seiner spirituellen Übungen ein. Ammas wirkliches Ziel ist, daß wir uns Gott stärker zuwenden und eine größere Hingabe an Ihn entwickeln. Sie wacht ständig über dem spirituellen Fortschritt ihrer Kinder.

Kunjamma lebt etwa zwölf Kilometer vom ashram entfernt in Kayamkulam. Einige

Jahre, bevor sie der Heiligen Mutter begegnete, starb ihr Mann plötzlich, so wie es in seinem Horoskop vorausgesagt war. Durch die Genauigkeit dieser Voraussage entwickelte Kunjamma einen starken Glauben an die Astrologie. Nach dem Tod ihres Mannes fühlte sie sich sehr unglücklich. Ihre Verzweiflung wuchs noch mehr, als sie im Horoskop ihres Sohnes entdeckte, daß dieser im Alter von 23 Jahren an einem Schlangenbiß sterben sollte. Außerdem sollte sie laut ihrem eigenen Horoskop im selben Zeitraum Kummer und Leid durch ihren Sohn erfahren. Kunjamma wußte sich keinen Rat, wie sie ihren Sohn vor dem vorhergesagten grausamen Schicksal retten könnte. Sie kam schließlich zur Heiligen Mutter und nahm bei Ihr Zuflucht. Amma tröstete sie und sagte: “Mach dir keine Sorgen, Tochter. Amma gibt dir ein mantra, das du täglich wiederholen sollst. Halte einmal in der Woche für das Wohlergehen deines Sohnes ein

Schweigegelübde ein. Gelübde, die von Müttern für ihre Kinder abgelegt werden, haben eine besondere Kraft. Der Tod deines Sohnes wird auf eines eurer Haustiere übertragen werden. Verzweifle nicht!"

Kunjamma war nicht vollständig überzeugt von Ammas Worten. Sie träumte oft, daß ihr Sohn von einer Schlange gebissen wurde und lebte in ständiger Sorge um sein Leben.

Nachdem ihr Mann gestorben war, hatte sie zur Bewachung des Hauses einen Hund bei sich aufgenommen. Eines Tages hörte sie ihn im Hof aufgeregt bellen und gefährlich knurren. Als sie die Haustür öffnete, sah sie den Hund in einem heftigen Kampf mit einer großen Schlange. Bei diesem furchtbaren Anblick wurde sie von Angst überwältigt und schloß die Tür schnell wieder. Als sie schließlich wagte hinauszugehen, fand sie sowohl den Hund als auch die Schlange tot auf dem Boden liegend.

Obwohl sie über den Tod ihres Haustiers traurig war, erinnerte sie sich daran, daß Amma einmal gesagt hatte, der Tod ihres Sohnes werde auf eines ihrer Haustiere übertragen. Als ihr klar wurde, daß der Tod des Hundes sich genau in der Zeit ereignet hatte, in der ihr Sohn sterben sollte, verneigte sich Kunjamma im Geiste voller Liebe und Verehrung vor Amma. Kunjammas Sohn lebt immer noch und führt ein glückliches Leben.

Der aus Kollam stammende Mohanan hatte ein hartes Leben. Er mußte mit vielen Schwierigkeiten kämpfen und litt deshalb unter chronischen inneren Spannungen. Langsam begann er, sein Leben zu hassen und wollte ihm ein Ende setzen. Er machte mehrere Selbstmordversuche, doch schlugen sie alle fehl.

In seinem Horoskop wurde vorhergesagt, daß er mit 26 Jahren sterben würde. Außerdem zeigten die Horoskope seiner Mutter und seines

Bruders, daß er ihnen in dieser Zeit Kummer bereiten würde. Um den vorzeitigen Tod des Sohnes abzuwenden, riet Amma seiner Mutter, strenge spirituelle Übungen auszuführen.

Als er 26 Jahre alt war, arbeitete Mohanan in einer Firma in Shaktikulangara, die Eisblöcke für die Tiefkühlung herstellte. Sein Arbeitsplatz lag in der Nähe von Kollam, etwa 30 Kilometer von Ammas ashram entfernt. Eines Tages wurden seine inneren Spannungen unerträglich. Nachdem die anderen Angestellten den Raum verlassen hatten, versuchte er wieder, sich das Leben zu nehmen. Er berührte die unter Hochspannung stehende elektrische Hauptleitung der Fabrik. Im selben Augenblick gab es aber einen Stromausfall, und alle Maschinen hörten auf zu arbeiten. Kurz darauf kam einer von Ammas Anhängern in den Raum und sagte, daß Amma ihn in die Fabrik geschickt habe, um nach Mohanan zu sehen.

Mohanan verneigte sich innerlich vor Ammas Allwissenheit und Ihren tiefem Mitgefühl.

Seit diesem Vorfall sind viele Jahre vergangen. Mohanan hatte seither nie mehr den Wunsch gehabt, sich das Leben zu nehmen. Seine Mutter und er glauben fest daran, daß die Verlängerung seines Lebens allein Amma zu verdanken ist.

www.ingramcontent.com/pod-product-compliance
Lightning Source LLC
LaVergne TN
LVHW010629100826
845148LV00014B/3170

* 9 7 8 1 6 8 0 3 7 5 6 5 7 *